SALVADOS POR LOS BARCOS

La heroica evacuación por mar del 11 de septiembre

ESCRITO POR **JULIE GASSMAN**   ILUSTRACIONES DE **STEVE MOORS**

CAPSTONE PRESS

a capstone imprint

Un arco de cielo enmarcaba la ciudad con un color azul brillante. El sol dorado irradiaba calidez. Pero justo debajo, el humo gris se alzaba serpenteante en el aire. Y, en medio del silencio, las cenizas blancas caían como una ventisca de nieve, cubriendo la ciudad.

La tragedia se estaba extendiendo rápidamente en la Ciudad de Nueva York, y sus habitantes intentaban buscar la manera de escapar. Así, lograron llegar al límite de la ciudad, bordeado por el agua.

Mientras más de un millón de personas intentaban escapar, cientos de capitanes de barcos navegaban rumbo a la destrucción. Sintieron que debían actuar, sintieron el deseo de ayudar, al saber que podían ofrecer un puerto seguro. Estos civiles se convirtieron en héroes un día en el que se necesitaba desesperadamente un acto de grandeza.

Un día en el que sucedió lo impensable.

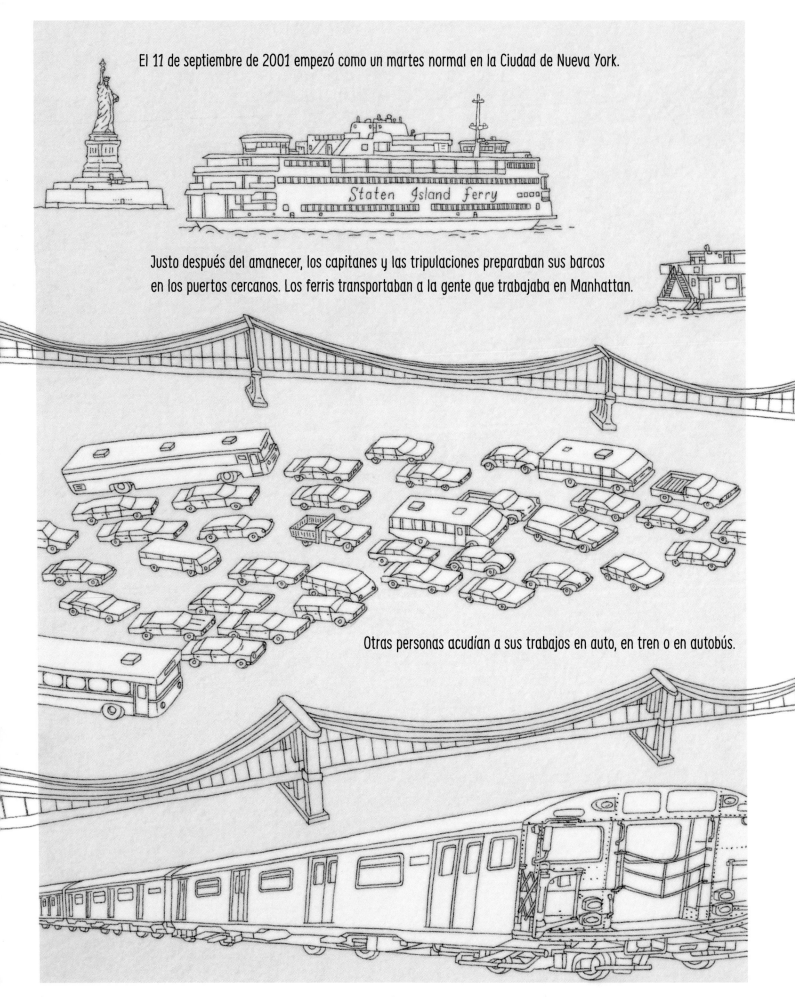

El 11 de septiembre de 2001 empezó como un martes normal en la Ciudad de Nueva York.

Justo después del amanecer, los capitanes y las tripulaciones preparaban sus barcos en los puertos cercanos. Los ferris transportaban a la gente que trabajaba en Manhattan.

Otras personas acudían a sus trabajos en auto, en tren o en autobús.

La ciudad era un bullicio de actividad. El cálido sol y un cielo azul y despejado
recibían a la gente que emanaba de las estaciones de metro.

Pero ese día tan hermoso pronto se vio interrumpido. A las 8:46 a.m., un avión se estrelló contra uno de los edificios más famosos de la ciudad, la Torre Norte del World Trade Center. Al principio parecía que se trataba de un trágico accidente. Pero cuando el segundo avión se estrelló contra la Torre Sur a las 9:03 a.m., el mensaje era claro.

La Ciudad de Nueva York, y los Estados Unidos, habían sido atacados.

El cielo, antes despejado, tenía ahora vetas de humo negro y gris. La gente intentaba huir desesperadamente. La policía y los bomberos acudieron rápidamente a las torres para comenzar la operación de rescate.

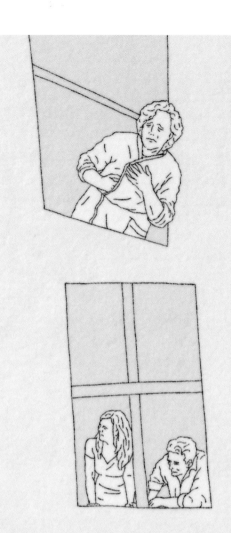

En los cinco barrios de la ciudad, los neoyorkinos miraban el cielo desde las ventanas y las aceras. Las tripulaciones de los barcos observaban el fuego extendiéndose por las torres.

Pero nadie esperaba lo que sucedería a continuación.

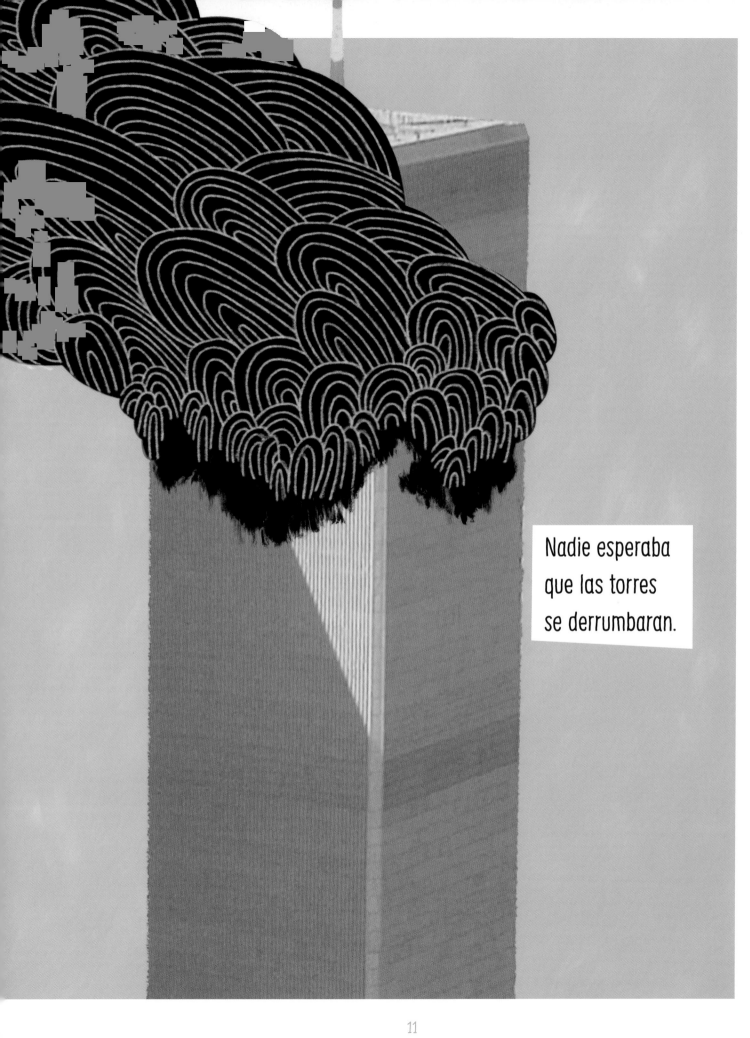

Nadie esperaba
que las torres
se derrumbaran.

De pronto, más de un millón de personas intentaban ponerse a salvo. La ciudad cerró el metro, los puentes y los túneles como medida de seguridad.

Solo había una manera de salir de la isla: por el agua.

Cientos de miles de personas corrieron hasta llegar al lugar donde la isla se encuentra con el agua. Saltaron las barandillas y empezaron a subirse a los barcos que estaban amarrados en los muelles.

"La gente se lanzaba al barco", dijo el bombero Tom Sullivan, que estaba a bordo de un barco de bomberos. "Intentábamos recogerlos para ayudarlos. Las madres y las niñeras nos lanzaban a los niños que traían en brazos y luego las ayudábamos a ellas a subir".

Muy poca gente se detuvo a preguntar a dónde iban los barcos. "La gente quería salir de Manhattan, como fuera posible", dijo el capitán James Parese.

Los guardacostas observaron que las filas de personas cada vez eran más largas.
Entre las 11:00 y las 11:30 a.m., enviaron un mensaje. "¡A todas las embarcaciones disponibles!",
se escuchó en las radios marinas del puerto y los alrededores. "Les habla el Guardacostas
de Estados Unidos a bordo de la embarcación *New York*. Todos aquellos que quieran ayudar
con la evacuación del Bajo Manhattan, repórtense a la Isla del Gobernador".

Embarcaciones de todos los tamaños acudieron de inmediato al puerto.

Remolcadores, transbordadores, yates privados y barcos de fiestas.

"Todo aquello que flotaba y podía llegar allí, llegó", dijo el ingeniero Robin Jones.

Y cada embarcación contaba con un capitán y una tripulación listos para ayudar.

Al llegar, los valientes hombres y mujeres se encontraron con una escena nefasta. Las Torres Gemelas, los edificios más altos de la Ciudad de Nueva York, de 110 pisos de altura, estaban reducidas a humo y escombros. El humo y el polvo impedían la visibilidad. Las tripulaciones sabían que los barcos en aguas abiertas eran un blanco fácil.

Pero los capitanes no retrocedieron, sino que siguieron navegando.

"...ese día, mi mayor preocupación era la seguridad de los pasajeros, la embarcación y mi tripulación, y tomar las decisiones correctas en el momento adecuado", explicó el capitán Parese.

Cuando los capitanes y las tripulaciones llegaron a la costa, se dieron cuenta de cuánto los necesitaban. Muchas personas que necesitaban ayuda venían de la Zona Cero, donde antes estaban las torres. Cubiertos de cenizas y hollín, cargaban en su cuerpo el peso de la tragedia. Las tripulaciones les dieron toallas a las víctimas. Muchas de ellas lloraban y temblaban conmocionadas.

Como dijo luego un capitán: "Pensábamos que si lavábamos el hollín
de sus caras y de sus manos... conseguiríamos que se sintieran más cómodos.
Queríamos que supieran que a alguien le importaba por lo que... acababan de pasar.

Con las embarcaciones llenas, los capitanes cruzaron el río Hudson. Muchas de las embarcaciones navegaron hacia Jersey City, en Nueva Jersey. Allí, las ambulancias con sus luces parpadeantes esperaban a los heridos.

Los capitanes también sabían que las personas que habían sido evacuadas de sus casas en el Bajo Manhattan podrían encontrar un lugar donde quedarse en Jersey City. No solo querían ayudar a la gente a salir de la Ciudad de Nueva York, también querían que llegaran a un destino seguro.

Mientras tanto, en Manhattan, pasaban las horas. Por toda la costa del río Hudson, había largas filas para subir a los ferris. La gente tenía que caminar durante millas para llegar al final de la fila.

Los policías advertían que la espera podía ser de cuatro, cinco o seis horas. Pero ¿qué otra opción tenía la gente salvo esperar? La policía y todos los que hacían fila esperaban que la multitud no perdiera la calma.

Una mujer dijo: "Cuando llegué al muelle, había miles de personas en fila, miles. Aun así, no se oía ni una mosca y eso era lo más escalofriante de todo".

La Ciudad de Nueva York, la ciudad que nunca duerme, estaba sumida en un silencio escalofriante.

En eso, la calma fue interrumpida por el ruido de aviones de combate.
Un miembro de la tripulación recordó: "La parte que más miedo me dio fue cuando los aviones de combate sobrevolaron Manhattan. No sabíamos de quién eran y se estaban acercando".

Los que esperaban en las filas de evacuación también estaban preocupados. Más de una persona preguntó: "Son de los nuestros, ¿verdad? ¿Son aviones estadounidenses?".

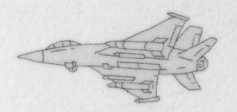
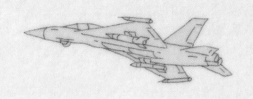

Y lo eran.

Los aviones del ejército de EE. UU. eran los únicos que tenían permiso para volar en el espacio aéreo del país.

Las filas se movieron más rápido de lo que se había previsto, sin duda, gracias
a los cientos de embarcaciones que acudieron a la llamada de ayuda del Guardacostas.
Después de tan solo un par de horas, todos los pasajeros habían embarcado hacia lugares
fuera de peligro. Muchos barcos, para anunciar sus destinos, escribieron con pintura
de espray en sábanas palabras como WEEHAWKEN o HOBOKEN, ciudades pequeñas al otro
lado del río.

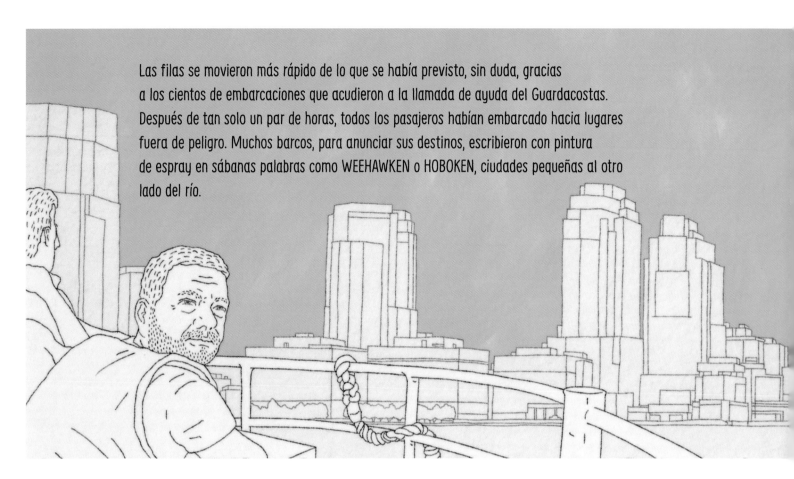

En los ferris, los pasajeros rescatados se alejaban del terror de ese día.
Ahora podían ver la centellante costa de Nueva Jersey que se extendía delante de ellos.
Estaban regresando a sus casas, o por lo menos se alejaban del peligro.

Los habían salvado los barcos.

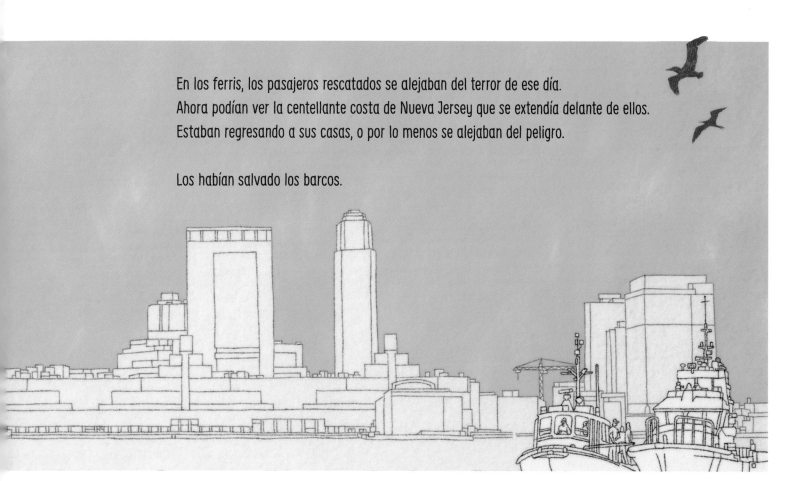

Durante todo el día, los barcos fueron de un lado a otro, rescatando
pasajeros y llevando de vuelta rescatistas, agua
y provisiones.

Ese día, cientos de capitanes y tripulantes se convirtieron en héroes.
Durante el transcurso de tan solo nueve horas, evacuaron a casi 500,000 personas por agua.

"Fue lo más importante que he hecho en mi vida", dijo el capitán Rick Thornton.

El ingeniero Herb Jones lo describió como "el día más impresionante que me tocó vivir en mi vida en el agua".

Fue la mayor evacuación por mar de la historia.

Fue la respuesta a una llamada de ayuda.

Fue una luz en el día más oscuro de esta ciudad.

Nota de la autora

Al igual que muchos adultos, tengo recuerdos del 11 de septiembre de 2001, pero algunas imágenes son más vívidas que otras. Mi día empezó como cualquier otro día de trabajo. Después de dejar a mi bebé en la guardería, tomé el metro en Jersey City, Nueva Jersey, para ir a la estación Penn en Manhattan.

Cuando llegué a la ciudad y subí las escaleras del metro en esa soleada mañana de septiembre, miré al cielo. Estaba azul y era tan bello que inmediatamente lo guardé en mi memoria. Ese día, muchos neoyorquinos notaron el azul del cielo y sirvió de inspiración de una obra de arte en el Museo Nacional Conmemorativo del 11 de Septiembre.

Cuando llegué al edificio donde estaba mi oficina en el centro de Manhattan, ya había oído que un avión se había estrellado contra una de las torres del World Trade Center. Y cuando llegué al piso donde trabajaba, ya había oído que un segundo avión se había estrellado contra la otra torre. Miré por las ventanas de la oficina y vi una nube de humo que salía de ambas torres, pero la escena que todavía me atormenta es la de la Torre Norte quemándose y todavía en pie.

Cerraron el metro, y mi esposo Nathan y yo decidimos ir caminando a los muelles que bordean el río Hudson para subir a un barco y volver a Nueva Jersey. A medida que nos acercábamos a la costa, vimos una fila muy larga de gente. No nos quedaba otra opción que esperar. La imagen de los aviones de combate sobrevolando la isla también la tengo grabada en la mente.

Esperamos algo menos de dos horas para subirnos a un barco e ir a Hoboken, Nueva Jersey. Por el camino, me encontré observando la costa de Nueva Jersey. Todavía tengo esa imagen fresca en la memoria: la costa aparentemente ajena a la tragedia.

En Hoboken nos pusimos en contacto con un amigo que nos llevó a recoger a nuestro hijo y después nos llevó a casa. Todavía puedo recordar la cara de mi bebé, sonriendo y feliz de vernos. Recuerdo lo agradecida que me sentí de que fuera así de pequeño como para entender lo que había pasado.

Ese día, y durante muchos años más, no conseguí entender la dimensión de la evacuación en barco del 11 de septiembre. En el décimo aniversario de la tragedia, alguien me envió un enlace del documental *Boatlift*. Este documental me ayudó a entender la importancia de la evacuación por agua. Me permitió conocer a los héroes que llevaron a las víctimas a lugares fuera de peligro, a los trabajadores a sus casas y a los padres hasta sus hijos. Hoy, compartir su historia, junto al ilustrador Steve Moors, me honra y me llena de gratitud. Yo, al igual que muchos otros, estoy agradecida de haber sido salvada por los barcos.

Julie Gassman
22 de diciembre de 2015

Intentando recordar el color del cielo de esa mañana de septiembre, de Spencer Finch, en el Museo Nacional Conmemorativo del 11 de Septiembre

Glosario

barrio—uno de las cinco divisiones políticas de la Ciudad de Nueva York

destino—lugar al que uno viaja

documental—película que representa hechos reales

evacuar—salir de un lugar peligroso a un sitio más seguro

muelle—plataforma que se extiende por encima de un cuerpo de agua

puerto—lugar donde se amarran los barcos

tragedia—suceso muy triste

víctima—persona herida, asesinada o que ha sufrido por un desastre, accidente o crimen

Zona Cero—lugar en Nueva York donde estaban las Torres Gemelas del World Trade Center

Gracias a nuestra asesora por su experiencia,
investigación y consejos:

Yvonne Simons, Directora Ejecutiva Adjunta
Museo South Street Seaport
Nueva York, NY

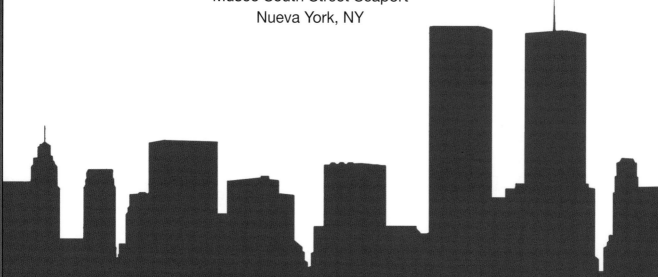

Source Notes

Página 13, línea 4: Magee, Mike, editor. *All Available Boats*. New York: Spencer Books, 2002, p. 40.
Página 13, línea 9: *Boatlift, An Untold Tale of 9/11 Resilience*. Dir. Eddie Rosenstein. Eyepop Productions, Inc., 2011.
Página 14, línea 2: *Boatlift, An Untold Tale of 9/11 Resilience*.
Página 15, línea 3: *Boatlift, An Untold Tale of 9/11 Resilience*.
Página 17, línea 6: *All Available Boats*, p. 66.
Página 19, línea 1: *All Available Boats*, p. 22.
Página 22, línea 5: *All Available Boats*, p. 79.
Página 24, línea 2: *All Available Boats*, p. 54.
Página 28, línea 3: *Boatlift, An Untold Tale of 9/11 Resilience*.
Página 28, línea 4: *Boatlift, An Untold Tale of 9/11 Resilience*.

Editora: Shelly Lyons
Diseñadoro: Nathan Gassman
Especialista en producción: Gene Bentdahl
Las ilustraciones de este libro se crearon digitalmente.

Los Barcos por Encounter una imprenta de Capstone, 1710 Roe Crest Drive, North Mankato, Minnesota 56003
www.capstonepub.com

Los datos de CIP (Catalogación previa a la publicación, CIP) de la Biblioteca del Congreso se encuentran disponibles en el sitio web de la Biblioteca.
Names: Gassman, Julie, author.
Title: Salvados por los barcos : la heroica evacuacion por mar del 11 de Septiembre / por Julie Gassman.
Other titles: Saved by the boats. Spanish
Description: North Mankato, Minnesota : Capstone Press, 2019. | Includes bibliographical references and index.
Identifiers: LCCN 2019015208| ISBN 9781543582673 (Hardcover) | ISBN 9781543582864 (eBook PDF)
Subjects: LCSH: September 11 Terrorist Attacks, 2001--Juvenile literature. | Evacuation of civilians--New York (State)--New York--Juvenile literature. | Emergency management--New York (State)--New York--Juvenile literature.
Classification: LCC HV6432.7 .G3718 2019 | DDC 974.7/1044--dc23
LC record available at https://lccn.loc.gov/2019015208

Fotografías gentileza de: Newscom/Chris Melzer/dpa/picture-alliance, 31

Translated into the Spanish language by Aparicio Publishing

Printed in the United States of America.
PA70